CLUBE F

AGENDA 2023

ILUSTRAÇÕES MILA DE CHOCH

nome

endereço

telefone residencial

celular

e-mail

endereço comercial

telefone comercial

e-mail comercial

contatos de emergência

em caso de perda, devolver esta agenda para

MULHERES PIONEIRAS

Uma carta escrita por uma mulher escravizada em 1770, no Piauí, se tornou aquela que é hoje considerada a primeira petição de Direito elaborada no país. Esse documento fez de Esperança Garcia a primeira advogada do Brasil e inspirou a Agenda Feminista do Clube F. de 2023.

Esperança, que traz no nome o sentimento que nos move para o ano novo, é uma das 12 mulheres ilustradas na publicação. Símbolo de resistência e ousadia na luta por direitos e liberdade no país, que ainda luta contra o racismo estrutural, em sua carta denunciou maus-tratos contra ela, seus filhos e outras pessoas escravizadas na fazenda de Algodões, próxima a Teresina.

O gesto da líder indígena Tuíra Kayapó, ao apontar o facão para o então diretor de uma estatal que representava o avanço em terras indígenas, em 1989, também é simbólico de outra luta histórica no Brasil, a dos povos originários. A escolha de seu nome e o pioneirismo de seu gesto, quando a presença das mulheres no debate nacional em defesa das vidas e territórios indígenas era rara, são a materialização de um desejo para que, em 2023, elas sejam protagonistas.

Seis mulheres negras protagonizam a agenda. Além de Esperança, a jogadora de futebol Marta, maior artilheira da Seleção Brasileira de Futebol de todos os tempos, Maria Firmina, a primeira romancista brasileira, Antonieta de Barros, primeira mulher negra a ser eleita no país e criadora do Dia das Professoras, Rosa Maria Egipcíaca, primeira mulher negra a publicar um livro no Brasil e, por fim, Xica Manicongo, primeira travesti negra a ser registrada em terras brasileiras. Todas são símbolos de luta contra a opressão, o preconceito e a violência a que foram e ainda são submetidas as mulheres, principalmente as negras.

Na arte, temos a estadunidense que foi a primeira mulher a ganhar um Pulitzer e é autora do livro que será enviado a assinantes em janeiro: Edith Wharton, com *A idade da inocência*; e a francesa Agnès Varda, diretora de filmes feministas (com forte tom social) e dona de uma trajetória que a levou a ser a primeira mulher a receber um Oscar pelo conjunto da obra.

Na ciência, tema que mobilizou o mundo nos últimos dois anos, escolhemos duas pioneiras: Mary Edwards Walker, primeira mulher a ser comissionada como médica-cirurgiã do Exército dos Estados Unidos durante a Guerra de Secessão, e também a primeira a ser autorizada pelo Congresso a se vestir com roupas de homens, hábito que libertaria as mulheres de suas vestimentas apertadas e inadequadas a diversas atividades; e Marie Curie, química e física francesa que ganhou dois prêmios Nobel por suas descobertas do uso da radioatividade.

Assim como Rosa Egipcíaca, mulher escravizada que se converteu ao catolicismo, autora de *Sagrada Teologia do Amor Divino das Almas Peregrinas*, temos outra representante religiosa pouca conhecida no Brasil: Asenat bat Shmuel Barzani, Osnat Barzani, ou Asenath Barzani. Nascida no Iraque em 1590, poeta e escritora, ela se dedicou aos estudos e deu aulas numa escola rabínica de Mossul, liderada por seu marido, e assumiu seu posto quando ele faleceu. É considerada a primeira mulher rabina da história, assim como a primeira mulher líder na história do Curdistão.

É um desafio imenso escolher apenas 12 mulheres – de acordo com nosso calendário de 12 meses – para serem ilustradas. Procuramos, no entanto, preencher algumas lacunas ao longo das páginas da agenda, apresentando outras mulheres trans, latinas, árabes, pioneiras em seus gestos, escritas e batalhas. Este é um conteúdo feito a muitas mãos, que se completa com a leitura de vocês. Sugerimos que a publicação seja utilizada não apenas como agenda, mas também como um local de referências para anotarmos outros nomes, inclusive de mulheres que estão em nosso dia-a-dia, que fazem a diferença em casas, prédios, ruas, instituições e lugares pelos quais caminhamos.

Em 2023, quando o Clube F. completar seu segundo ano de existência, desejamos que muitas mais virem protagonistas de suas histórias e que, juntas, possam reconstruir este país cindido por tantos anos de negacionismo, violência e descaso com as mulheres, a ciência, a educação e a cultura. Que as meninas, meninos e menines deste país possam sonhar, desejar e viver num lugar de mais igualdade. E Esperança.

CLUBE F.

Faça, a cada dia,
alguma coisa pela primeira vez.

2023

janeiro

S	T	Q	Q	S	S	D
						1
2	3	4	5	6	7	8
9	10	11	12	13	14	15
16	17	18	19	20	21	22
23	24	25	26	27	28	29
30	31					

fevereiro

S	T	Q	Q	S	S	D
		1	2	3	4	5
6	7	8	9	10	11	12
13	14	15	16	17	18	19
20	21	22	23	24	25	26
27	28					

março

S	T	Q	Q	S	S	D
		1	2	3	4	5
6	7	8	9	10	11	12
13	14	15	16	17	18	19
20	21	22	23	24	25	26
27	28	29	30	31		

abril

S	T	Q	Q	S	S	D
					1	2
3	4	5	6	7	8	9
10	11	12	13	14	15	16
17	18	19	20	21	22	23
24	25	26	27	28	29	30

maio

S	T	Q	Q	S	S	D
1	2	3	4	5	6	7
8	9	10	11	12	13	14
15	16	17	18	19	20	21
22	23	24	25	26	27	28
29	30	31				

junho

S	T	Q	Q	S	S	D
			1	2	3	4
5	6	7	8	9	10	11
12	13	14	15	16	17	18
19	20	21	22	23	24	25
26	27	28	29	30		

julho

S	T	Q	Q	S	S	D
					1	2
3	4	5	6	7	8	9
10	11	12	13	14	15	16
17	18	19	20	21	22	23
24	25	26	27	28	29	30
31						

agosto

S	T	Q	Q	S	S	D
	1	2	3	4	5	6
7	8	9	10	11	12	13
14	15	16	17	18	19	20
21	22	23	24	25	26	27
28	29	30	31			

setembro

S	T	Q	Q	S	S	D
				1	2	3
4	5	6	7	8	9	10
11	12	13	14	15	16	17
18	19	20	21	22	23	24
25	26	27	28	29	30	

outubro

S	T	Q	Q	S	S	D
						1
2	3	4	5	6	7	8
9	10	11	12	13	14	15
16	17	18	19	20	21	22
23	24	25	26	27	28	29
30	31					

novembro

S	T	Q	Q	S	S	D
		1	2	3	4	5
6	7	8	9	10	11	12
13	14	15	16	17	18	19
20	21	22	23	24	25	26
27	28	29	30			

dezembro

S	T	Q	Q	S	S	D
				1	2	3
4	5	6	7	8	9	10
11	12	13	14	15	16	17
18	19	20	21	22	23	24
25	26	27	28	29	30	31

2024

janeiro

S	T	Q	Q	S	S	D
1	2	3	4	5	6	7
8	9	10	11	12	13	14
15	16	17	18	19	20	21
22	23	24	25	26	27	28
29	30	31				

fevereiro

S	T	Q	Q	S	S	D
			1	2	3	4
5	6	7	8	9	10	11
12	13	14	15	16	17	18
19	20	21	22	23	24	25
26	27	28	29			

março

S	T	Q	Q	S	S	D
				1	2	3
4	5	6	7	8	9	10
11	12	13	14	15	16	17
18	19	20	21	22	23	24
25	26	27	28	29	30	31

abril

S	T	Q	Q	S	S	D
1	2	3	4	5	6	7
8	9	10	11	12	13	14
15	16	17	18	19	20	21
22	23	24	25	26	27	28
29	30					

maio

S	T	Q	Q	S	S	D
		1	2	3	4	5
6	7	8	9	10	11	12
13	14	15	16	17	18	19
20	21	22	23	24	25	26
27	28	29	30	31		

junho

S	T	Q	Q	S	S	D
					1	2
3	4	5	6	7	8	9
10	11	12	13	14	15	16
17	18	19	20	21	22	23
24	25	26	27	28	29	30

julho

S	T	Q	Q	S	S	D
1	2	3	4	5	6	7
8	9	10	11	12	13	14
15	16	17	18	19	20	21
22	23	24	25	26	27	28
29	30	31				

agosto

S	T	Q	Q	S	S	D
			1	2	3	4
5	6	7	8	9	10	11
12	13	14	15	16	17	18
19	20	21	22	23	24	25
26	27	28	29	30	31	

setembro

S	T	Q	Q	S	S	D
						1
2	3	4	5	6	7	8
9	10	11	12	13	14	15
16	17	18	19	20	21	22
23	24	25	26	27	28	29
30						

outubro

S	T	Q	Q	S	S	D
	1	2	3	4	5	6
7	8	9	10	11	12	13
14	15	16	17	18	19	20
21	22	23	24	25	26	27
28	29	30	31			

novembro

S	T	Q	Q	S	S	D
				1	2	3
4	5	6	7	8	9	10
11	12	13	14	15	16	17
18	19	20	21	22	23	24
25	26	27	28	29	30	

dezembro

S	T	Q	Q	S	S	D
						1
2	3	4	5	6	7	8
9	10	11	12	13	14	15
16	17	18	19	20	21	22
23	24	25	26	27	28	29
30	31					

JANEIRO

segunda-feira	terça-feira	quarta-feira
2	3	4
9	10	11
16	17	18
23	24	25
30	31	

quinta-feira	sexta-feira	sábado	domingo
			1
5	6	7	8
12	13	14	15
19	20	21	22
26	27	28	29

FEVEREIRO

	segunda-feira	terça-feira	quarta-feira
			1
	6	7	8
	13 ◐	14	15
	20 ●	21	22
	27 ◑	28	

quinta-feira	sexta-feira	sábado	domingo
2	3	4	5
9	10	11	12
16	17	18	19
23	24	25	26

MARÇO

segunda-feira	terça-feira	quarta-feira
		1
6	7	8
13	14	15
20	21	22
27	28	29

quinta-feira	sexta-feira	sábado	domingo
2	3	4	5
9	10	11	12
16	17	18	19
23	24	25	26
30	31		

ABRIL

segunda-feira	terça-feira	quarta-feira
3	4	5
10	11	12
17	18	19
24	25	26

quinta-feira	sexta-feira	sábado	domingo
		1	2
6	7	8	9
13	14	15	16
20	21	22	23
27	28	29	30

MAIO

segunda-feira	terça-feira	quarta-feira
1	2	3
8	9	10
15	16	17
22	23	24
29	30	31

quinta-feira	sexta-feira	sábado	domingo
4	5	6	7
11	12	13	14
18	19	20	21
25	26	27	28

JUNHO

segunda-feira	terça-feira	quarta-feira
5	6	7
12	13	14
19	20	21
26 ◑	27	28

quinta-feira	sexta-feira	sábado	domingo
1	2	3	4
8	9	10	11
15	16	17	18
22	23	24	25
29	30		

JULHO

segunda-feira	terça-feira	quarta-feira
3	4	5
10	11	12
17	18	19
24	25	26
31		

quinta-feira	sexta-feira	sábado	domingo
		1	2
6	7	8	9 ◐
13	14	15	16
20	21	22	23
27	28	29	30

AGOSTO

segunda-feira	terça-feira	quarta-feira
	1	2
7	8	9
14	15	16
21	22	23
28	29	30

quinta-feira	sexta-feira	sábado	domingo
3	4	5	6
10	11	12	13
17	18	19	20
24 ◑	25	26	27
31			

SETEMBRO

segunda-feira	terça-feira	quarta-feira
4	5	6 ◐
11	12	13
18	19	20
25	26	27

quinta-feira	sexta-feira	sábado	domingo
	1	2	3
7	8	9	10
14	15	16	17
21	22	23	24
28	29	30	

OUTUBRO

segunda-feira	terça-feira	quarta-feira
2	3	4
9	10	11
16	17	18
23	24	25
30	31	

quinta-feira	sexta-feira	sábado	domingo
			1
5	6 ◐	7	8
12	13	14 ●	15
19	20	21	22 ◑
26	27	28 ○	29

NOVEMBRO

segunda-feira	terça-feira	quarta-feira
		1
6	7	8
13 ●	14	15
20 ◑	21	22
27 ○	28	29

quinta-feira	sexta-feira	sábado	domingo
2	3	4	5 ◐
9	10	11	12
16	17	18	19
23	24	25	26
30			

DEZEMBRO

segunda-feira	terça-feira	quarta-feira
4	5 ◐	6
11	12 ●	13
18	19 ◑	20
25	26 ○	27

quinta-feira	sexta-feira	sábado	domingo
	1	2	3
7	8	9	10
14	15	16	17
21	22	23	24
28	29	30	31

EDITH WHARTON

A escritora Edith Wharton foi a primeira mulher a ganhar o Prêmio Pulitzer de Ficção, em 1921, pelo romance *A idade da inocência*. Desde muito nova, Edith recusava os padrões de comportamento e vestimentas para as meninas de sua idade, que eram instruídas a acreditar que deveriam ter um bom casamento e aparecer em bailes e festas. Considerava isso superficial e opressivo. Acabou se casando, mas, com o marido sofrendo de uma doença mental, se divorciou e passou a viver com um amante e parceiro intelectual. Começou a escrever com 11 anos e publicou dezenas de romances, contos e poesia. *A Idade da inocência* foi adaptado para o cinema por Martin Scorcese.

JANEIRO

26 segunda-feira

27 terça-feira

28 quarta-feira

29 quinta-feira

30 sexta-feira

31 sábado

01 domingo

* Dia da Fraternidade Universal.

JANEIRO

"A verdadeira solidão é viver em meio a essas pessoas gentis que só me pedem para fingir."

EDITH WHARTON,
A idade da inocência

02 segunda-feira

03 terça-feira

04 quarta-feira

* Nascimento da socióloga e precursora dos estudos feministas no Brasil Heleieth Saffioti (Ibirá, 1934 – São Paulo, 2010).

05 quinta-feira

06 sexta-feira ○

07 sábado

* Nascimento da poeta e ensaísta Dionne Brand (Guayaguayare, Trindade e Tobago, 1953).

08 domingo

JANEIRO

"Ler mudou, muda
e continuará mudando
o mundo."

VIRGINIA WOOLF,
A paixão da leitura

09 segunda-feira

* Nascimento da filósofa, feminista e escritora francesa Simone de Beauvoir (Paris, 1908 - 1986).

10 terça-feira

11 quarta-feira

12 quinta-feira

13 sexta-feira

14 sábado ◐

15 domingo

JANEIRO

"Escreva-te: é preciso que seu corpo se faça ouvir. Só assim jorrarão as imensas fontes do inconsciente."

HÉLÈNE CIXOUS,
O riso da Medusa

16 segunda-feira

17 terça-feira

18 quarta-feira

19 quinta-feira

20 sexta-feira

21 sábado ●

* Dia Nacional do Combate à Intolerância Religiosa.

22 domingo

JANEIRO

"A liberdade não é um destino, mas a jornada. E no decorrer dessa jornada, vamos tomando consciência da sua amplitude."

ANGELA DAVIS em entrevista a Mano Brown

23 segunda-feira

24 terça-feira

* Nascimento da escritora Edith Wharton (Nova York, 1862 – Saint-Brice-sous-Forêt, 1937).

25 quarta-feira

* Nascimento da escritora Virginia Woolf (Londres, 1882 – Lewes, 1941).

26 quinta-feira

* Nascimento da socióloga, feminista e ativista argentina María Lugones (Buenos Aires 1944 – 2020) e da filósofa, professora e ativista estadunidense Angela Davis (Birminghan, EUA, 1944).

27 sexta-feira

* Dia Internacional em Memória das Vítimas do Holocausto.

28 sábado ◐

29 domingo

JANEIRO

MARTA VIEIRA DA SILVA

No país do futebol, a maior artilheira da história da Seleção Brasileira, com 116 gols, é mulher: Marta. Nascida em Alagoas, em 1986, foi a primeira jogadora a marcar gols em cinco edições de Copas do Mundo. A Rainha do futebol, como é chamada, teve uma infância difícil, enfrentou o abandono do pai e dividia os momentos de pelada (onde era a única menina) com o trabalho de vendedora em feira com a mãe. Eleita seis vezes como a melhor jogadora do mundo pela Federação Internacional de Futebol (Fifa),

Marta também foi nomeada, em 2018, pela ONU, como Embaixadora da Boa Vontade para mulheres e meninas no esporte. Num discurso na instituição, desabafou: “O preconceito e a falta de oportunidades já me doeram ao longo do meu caminho. Doeu quando meninos não me deixaram jogar. Doeu quando treinadores me tiravam dos campeonatos porque eu era apenas uma menina. Mas minha certeza de onde eu iria chegar nunca me deixou desistir”. Apesar de ser a maior artilheira, Marta nunca assinou contratos milionários.

FEVEREIRO

30 segunda-feira

31 terça-feira

01 quarta-feira

* Nascimento da filósofa, antropóloga e ativista Lélia Gonzalez (Belo Horizonte, 1935 – Rio de Janeiro, 1994).

* Nascimento da farmacêutica e ativista pelos direitos das mulheres Maria da Penha (Fortaleza, CE, 1945), que dá nome à lei sancionada em agosto de 2006, tornando crime a violência doméstica contra a mulher e o feminicídio.

02 quinta-feira

* Dia de Nossa Senhora dos Navegantes / Dia de Iemanjá.

* Aprovação da emenda do deputado federal Carlos Alberto Caó Oliveira que estabelece o racismo como crime inafiançável e imprescritível (1988).

03 sexta-feira

* Nascimento da filósofa e militante francesa Simone Weil (Paris, 1909 – Ashford, 1943).

04 sábado

* Nascimento de Rosa Parks, ativista negra norte-americana, símbolo do movimento dos Direitos Civis da população negra nos Estados Unidos (Alabama, 1913 – Michigan, 2005).

05 domingo ●

"Eu me apoiava no talento, na vontade de jogar, de estar ali na atividade. E isso não é só no futebol que a mulher escuta que a mulher 'não é competente' pra desempenhar. E estamos quebrando cada vez mais essas barreiras."

MARTA VIEIRA DA SILVA

06 segunda-feira

07 terça-feira

* Nascimento da cantora Clementina de Jesus (Valença, 1902 – Rio de Janeiro, 1987).

08 quarta-feira

09 quinta-feira

* Nascimento da escritora, poeta e ativista estadunidense Alice Walker (Eatonton, EUA, 1944).

10 sexta-feira

* Nascimento de Maria Escolástica da Conceição Nazaré, conhecida como Mãe Menininha do Gantois (Salvador, 1894 – Salvador, 1986).

11 sábado

* Nascimento da escritora Maryse Condé (Pointe-à-Pitre, Guadalupe, 1937).

12 domingo

"Uma pessoa alienada é uma pessoa que quer ser o que não pode ser porque ela não gosta de ser o que é. Às duas horas, quando fui dormir, fiz um juramento confuso de nunca me tornar uma alienada. Consequentemente, acordei outra garotinha. De criança-modelo, tornei-me respondona e faladeira. Como eu não sabia muito bem o que procurava, era suficiente questionar tudo o que meus pais propunham."

MARYSE CONDÉ,
O coração que chora e que ri

13 segunda-feira ◐

14 terça-feira

15 quarta-feira

* Nascimento da psiquiatra Nise da Silveira (Maceió, 1905 – Rio de Janeiro, 1999), que adotou a terapia ocupacional como tratamento para pacientes com transtornos mentais. Fez da arte e da convivência com os animais modos de cura e revelou ao mundo artistas como Arthur Bispo do Rosário, que expressavam seus sentimentos através da arte.

16 quinta-feira

* Nascimento de Anne Lafont (França, 1970), historiadora de arte francesa, autora de *Uma africana no Louvre*.

17 sexta-feira

18 sábado

* Nascimento da poeta, ensaísta e ativista estadunidense Audre Lorde (Nova York, 1934 – Ilhas Virgens Americanas, 1994).

19 domingo

* Nascimento da jogadora e artilheira Marta (Dois Riachos, AL, 1986).

FEVEREIRO

20 segunda-feira ●

21 terça-feira

22 quarta-feira

* Nascimento de Débora Diniz, antropóloga, pesquisadora e cofundadora da Anis — Instituto de Bioética (Maceió, AL, 1970).

* Quarta-feira de cinzas.

23 quinta-feira

24 sexta-feira

* Em 1932, após longa luta de sufragistas brasileiras como Leolinda Daltro e Bertha Lutz, o Código Eleitoral passou a prever o voto feminino. Em 1934, ele foi reconhecido na Constituição. A primeira mulher eleitora do Brasil, no entanto, foi Celina Guimarães, de Mossoró (RN), em 1927, após uma lei estadual estabelecer que não haveria distinção de gênero para o exercício do sufrágio. A primeira mulher eleita prefeita foi Alzira Soriano, em Lajes, também no Rio Grande do Norte. Tomou posse em janeiro de 1929.

25 sábado

26 domingo

"Sejam quem são e serão
aprendam a celebrar
aquele Anjo Negro ruidoso que lhes guia
pelos altos e baixos dos dias
protegendo o lugar donde seu poder emerge
correndo feito sangue quente
da mesma fonte
que sua dor."

AUDRE LORDE,
Entre nós mesmas - Poemas reunidos

MARIA FIRMINA DOS REIS

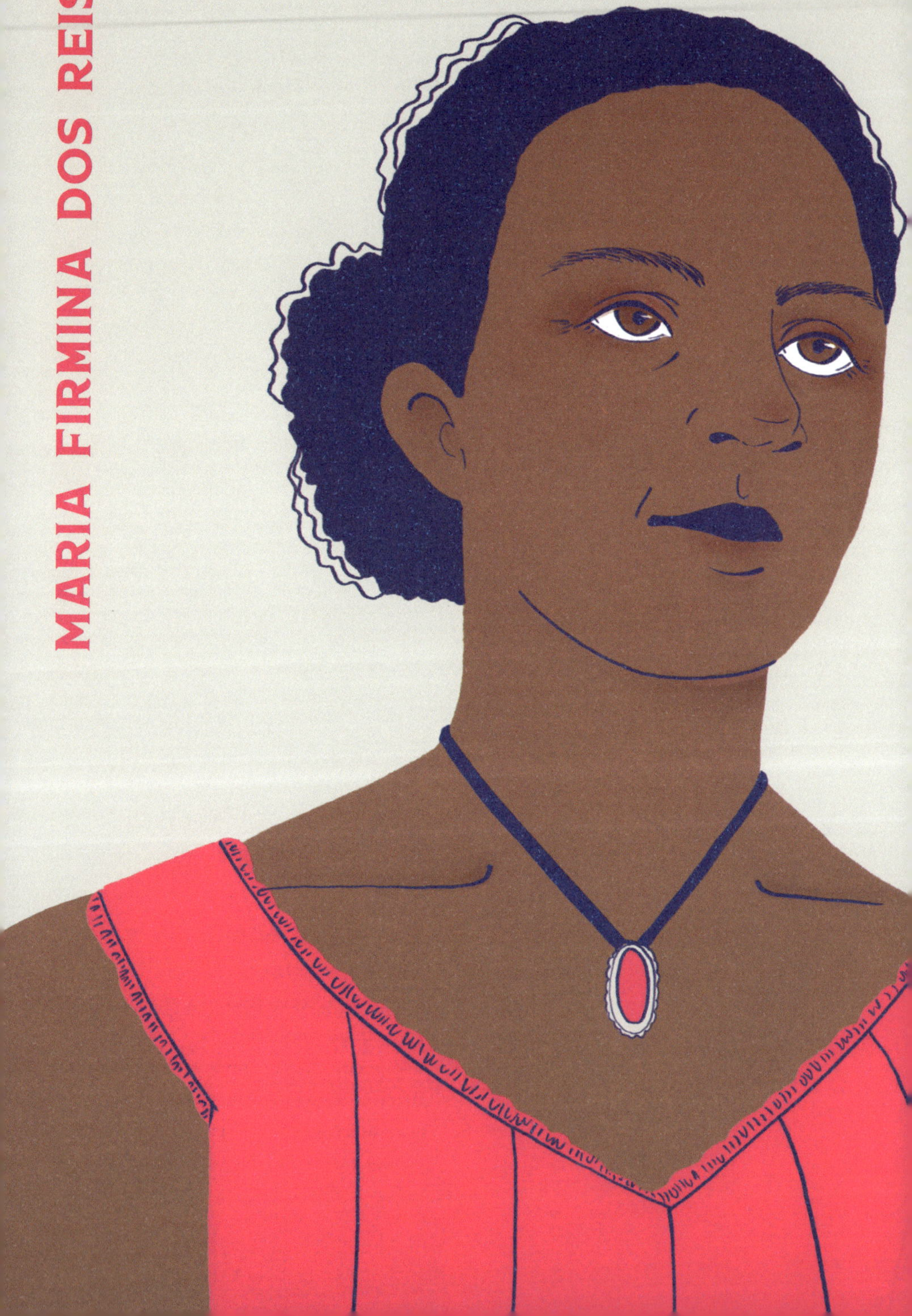

Maria Firmina dos Reis é a primeira romancista brasileira. *Úrsula*, publicado em 1859, assinado como de "Uma autora maranhense", é o primeiro romance abolicionista do Brasil. A narrativa aborda o problema do tráfico negreiro e do regime como um todo a partir do ponto de vista do sujeito escravizado e transformado em "mercadoria humana". A África surge, assim, como espaço de civilização e de liberdade e os traficantes europeus são vistos como "bárbaros". Maria Firmina foi professora e fundou a primeira escola mista e gratuita do Maranhão. Escrevia artigos na imprensa e, em 1887, publicou o conto "A escrava", em que defendia a abolição da escravatura.

Ficou de fora do cânone literário do Brasil, esquecida e invisibilizada, até que sua obra passasse a ser estudada nas universidades e divulgada por outras mulheres negras, escritoras e pesquisadoras. Em 2022, foi escolhida como escritora homenageada da Festa Literária Internacional de Paraty a Flip.

MARÇO

27 segunda-feira ◑

28 terça-feira

01 quarta-feira

02 quinta-feira

03 sexta-feira

* Assassinato da ativista ambiental e líder indígena hondurenha Berta Cáceres (La Esperanza, 1971 - 2016).

04 sábado

05 domingo

"Percebemos que é impossível estar neste planeta contra as injustiças se não apostamos no desmantelamento deste sistema de morte que se chama patriarcado. Nenhuma luta pela justiça e pela construção de um mundo melhor é possível sem a presença das mulheres."

BERTA CÁCERES,
citada em *História dos feminismos na América Latina*, de Dora Barrancos

06 segunda-feira

07 terça-feira

08 quarta-feira

* Dia Internacional da Mulher
Foi durante o II Congresso Internacional de Mulheres Socialistas, em agosto de 1910, em Copenhague, que a socialista alemã Clara Zetkin sugeriu a criação de um dia para marcar a luta das mulheres por direitos trabalhistas. No ano seguinte, milhares delas saíram às ruas no dia 8 de março em países como a própria Dinamarca, a Suíça, a Alemanha e os Estados Unidos. Na Rússia, uma série de greves operárias de mulheres tiveram início nesses dois anos de 1910 e 1911 e culminaram na grande greve de 1917, no setor de tecelagem, também num 8 de março. As russas reivindicavam ainda direito à voz, apoio do governo à maternidade e combate ao aumento do custo de vida. A data foi oficializada pela ONU em 1975, quando foi declarado o Ano Internacional das Mulheres.

09 quinta-feira

* Em 2015, a Constituição Federal reconheceu a partir da Lei nº 13.104/2015 o feminicídio como um crime de homicídio qualificado.

10 sexta-feira

11 sábado

* Nascimento de Maria Firmina dos Reis, a primeira romancista brasileira (São Luís do Maranhão, 1822 – Guimarães, 1917).

12 domingo

* Dia da Bibliotecária.

MARÇO

13 segunda-feira

14 terça-feira ◐

* Assassinato da vereadora e ativista Marielle Franco (Rio de Janeiro, 1979 – 2018). Em 14 de março de 2023, completam-se cinco anos do assassinato da vereadora Marielle Franco, crime que permanece sem julgamento e condenação.

* Nascimento da escritora Carolina Maria de Jesus (Sacramento, 1914 – São Paulo, 1977).

* Aniversário do Clube F.
Há dois anos, surgia o clube feminista da Bazar do Tempo com a publicação de *Um quarto só seu*, de Virginia Woolf, uma obra que vem inspirando mulheres desde a sua publicação, em 1928. A vocação feminista da Bazar do Tempo e, em consequência, a criação do Clube F., surgiu por influência de Heloisa Buarque de Hollanda, organizadora da coleção Pensamento Feminista.

15 quarta-feira

16 quinta-feira

17 sexta-feira

18 sábado

19 domingo

MARÇO

20 segunda-feira

✱ Dia Internacional da Felicidade.

21 terça-feira ●

✱ Dia Internacional Contra a Discriminação Racial.

22 quarta-feira

23 quinta-feira

24 sexta-feira

25 sábado

✱ Nascimento da atriz Leila Diniz (Niterói, 1945 – Nova Déli, 1972) e da jornalista feminista Gloria Steinem (Toledo, EUA, 1934).

26 domingo

✱ Nascimento de Benedita Silva (Rio de Janeiro, RJ, 1942), primeira mulher negra a ocupar um cargo de governadora no Brasil.

MARÇO

"Uma mulher sem um
homem é como um peixe
sem uma bicicleta."

GLORIA STEINEM

ASENAT BAT SHMUEL BARZANI,
OSNAT BARZANI, OU ASENATH BARZANI

Poeta, escritora, rabina curda e cabeça da escola rabínica de Mossul, no Iraque, onde nasceu em 1590. Considerada a primeira mulher rabina da história, assim como a primeira mulher líder na história do Curdistão. Asenat era filha e neta de rabinos. Seu pai, o rabino Samuel HaLevi Barzani, era o líder da yeshivá de Mossul. Como não teve filhos homens, o pai se dedicou a educar pessoalmente a sua filha. Em carta, ela contou que nunca aprendeu trabalhos físicos, apenas intelectuais. Cresceu entre estudiosos e se casou com um sobrinho de seu pai, que prometeu a ele não deixar a mulher fazer nenhum trabalho doméstico, podendo dedicar seu tempo estudando a Torá. Ela dava aulas na Yeshivá do marido e assumiu seu posto quando este faleceu, tornando-se rabina.

ABRIL

27 segunda-feira

✱ Nascimento de Luiza Bairros, socióloga e ministra-chefe da Secretaria de Políticas de Promoção da Igualdade Racial do Brasil (Porto Alegre, 1953 – 2016).

28 terça-feira ◑

29 quarta-feira

30 quinta-feira

31 sexta-feira

✱ Nascimento da líder revolucionária russa e teórica do marxismo Alexsandra Kollontai (São Petersburgo, 1872 - Moscou, 1952).

01 sábado

02 domingo

"*A dor* é uma das coisas mais importantes da minha vida. A palavra 'escrita' não seria apropriada. Eu me encontro em frente a páginas precisamente plenas, uma pequena escrita extraordinariamente regular e calma. Eu me encontrei face a uma desordem fenomenal do pensamento e do sentimento do qual eu não ouso abordar e sobre a qual a literatura me faz vergonha."

MARGUERITE DURAS,
A dor, livro do Clube F. de 2023

03 segunda-feira

04 terça-feira

* Nascimento da escritora francesa Marguerite Duras (Saigon, 1914 – Paris, 1996).

05 quarta-feira

06 quinta-feira

07 sexta-feira

* Nascimento da escritora francesa Violette Leduc (Arras, 1907 – Faucon, 1972).
* Nascimento da poeta, educadora e diplomata chilena Gabriela Mistral, a primeira latino-americana a ganhar o Nobel de Literatura.
* Sexta-feira Santa.
* Nascimento de Victoria Ocampo (1890, Buenos Aires – 1979, Béccar).

08 sábado

09 domingo

ABRIL

"'Não vou me casar.
Vou ser livreira!'
Ela esquecia das
advertências matinais
que me dava quando
eu era menina.
Eu as trazia comigo
dentro dos meus ovários."

VIOLETTE LEDUC,
A bastarda

10 segunda-feira

11 terça-feira

12 quarta-feira

✱ No ano de 2012, o Superior Tribunal Federal decide que aborto de anencéfalo não é crime no Brasil.

13 quinta-feira ◐

14 sexta-feira

15 sábado

16 domingo

ABRIL

17 segunda-feira

18 terça-feira

* Dia Nacional do Livro Infantil.

19 quarta-feira

20 quinta-feira ●

* Nascimento de Joênia Wapichana (Boa Vista, RR, 1973), advogada, a primeira mulher indígena a exercer a profissão no Brasil e a ser eleita deputada federal por Roraima.

21 sexta-feira

22 sábado

23 domingo

"Não gosto de comer e não me alimentar. Eu sou uma pessoa muito voraz. E acho que fome é tudo. Não tenho vergonha de estar com fome. Você não acha que o amor é nossa fome de amar? (estou falando de amor com letras maiúsculas)."

VICTORIA OCAMPO em carta a Virginia Woolf

24 segunda-feira

✱ Nascimento da política Kátia Tapety (Oeiras, PI, 1949), primeira transexual a se eleger para um cargo, como vereadora do município Colônia do Piauí, em 1992.

25 terça-feira

26 quarta-feira

✱ Dia da Visibilidade Lésbica.

27 quinta-feira ◐

✱ Nascimento da escritora, filósofa e defensora dos direitos da mulher Mary Wollstonecraft (Spitalfields, 1759 – Londres, 1797), autora de *Reivindicação dos direitos da mulher*.

28 sexta-feira

29 sábado

✱ Nascimento de Alzira Soriano, primeira mulher eleita prefeita no Brasil e na América Latina (Jardim de Angicos, 1897 – 1963).

30 domingo

"O corpo negro é elemento central na reprodução de desigualdades. Está nos cárceres repletos, nas favelas e periferias designadas como moradias."

MARIELLE FRANCO

AGNÈS VARDA

Em 1975, ano internacional das mulheres decretado pela ONU, a cineasta francesa Agnès Varda reuniu mulheres de várias idades, corpos e fisionomias diferentes para perguntar: O que é ser mulher? Em quase oito minutos, elas falam sobre questões da maternidade, exploração do corpo pela publicidade, desvalorização de sua intelectualidade, desigualdades de gênero e violência no documentário *Réponse de femmes*. Com mais de sessenta anos de carreira, a fotógrafa e cineasta foi precursora da Nouvelle Vague, mas ficou à margem da indústria cinematográfica por ser mulher. Diretora de filmes emblemáticos como *Cléo das 5 às 7*, em novembro de 2017 Varda tornou-se a primeira diretora mulher a receber um Oscar pelo conjunto da obra.

MAIO

01 segunda-feira

* Dia da Literatura Brasileira.
* Dia Mundial do Trabalho.

02 terça-feira

* Nascimento de Mãe Stella de Oxóssi (Salvador, 1925 – Santo Antonio de Jesus, 2018). Yalorixá, escritora e *doutora honoris causa* da Universidade Federal da Bahia.

03 quarta-feira

* Nascimento da escritora Nélida Piñon (Rio de Janeiro, RJ, 1937), a primeira mulher a assumir a presidência da Academia Brasileira de Letras, entre 1996 e 1997.
* Carlota Pereira de Queiroz torna-se a primeira mulher brasileira a votar e a ser eleita deputada federal, em 1933.
* Nascimento de Maryam Mirzakhani (Teerã, 1977 – Palo Alto, 2017), primeira mulher e iraniana a ganhar a Medalha Fields, maior prêmio da matemática.

04 quinta-feira

* Morre, em 1935, no Rio de Janeiro, Leolinda Daltro, professora, sufragista e defensora dos direitos das mulheres e dos indígenas no Brasil. Fundou o Partido Republicano Feminino e se lançou candidata a prefeita do Distrito Federal, sem conseguir formalizar a candidatura.

05 sexta-feira ●

06 sábado

07 domingo

* Nascimento da intelectual e ativista pelos direitos da mulher francesa Olympe de Gouges (Montalban, 1748 – Paris, 1793).

MAIO

"Isso é tudo que você precisa na vida: um computador, uma câmera e um gato."

AGNÈS VARDA

08 segunda-feira

09 terça-feira

* Nascimento de Célia Xakriabá (São João das Missões, MG, 1990), primeira mulher indígena a ser eleita deputada federal (PSOL) por Minas Gerais, com 101.078 votos. A luta dela centra-se na reestruturação do sistema educacional, no apoio às mulheres e à juventude. Nos moldes de Paulo Freire, defende uma educação baseada nos conhecimentos indígenas e nos processos pedagógicos de cada povo, que são diferentes devido aos seus contextos.

10 quarta-feira

11 quinta-feira

* Aprovada nos Estados Unidos o uso da pílula anticoncepcional, em 1960.

12 sexta-feira ◐

13 sábado

* Abolição da escravatura no Brasil, em 1889.

14 domingo

* Morre em 1940 a escritora, sindicalista, ativista feminista e anarquista Emma Goldman (Kaunas, 1869 – Toronto, 1940).

* Dia das Mães.

"São mulheres que se tornam protagonistas ao se perceberem como pilares. Então, o pilão que pisava o milho não apenas alimentava os filhos, mas sustentava o território."

CÉLIA XAKRIABÁ,
O Barro, o genipapo e o giz no fazer epistemológico de autoria Xakriabá

15 segunda-feira

✱ Iolanda Fleming se torna a primeira mulher a governar um estado brasileiro, o Acre, em 1986. Permanece no cargo até março de 1987.

16 terça-feira

✱ Nascimento da professora, escritora e anarquista brasileira Maria Lacerda de Moura (Rio de Janeiro, 1887 – 1945).

17 quarta-feira

18 quinta-feira

19 sexta-feira ●

20 sábado

✱ Nascimento da teórica e escritora feminista Nancy Fraser (Baltimore, EUA, 1947).

21 domingo

MAIO

22 segunda-feira

23 terça-feira

24 quarta-feira

25 quinta-feira

* Nascimento de Rosario Castellanos (Cidade do México, 1925 – Telavive, 1974), poeta, romancista e ensaísta mexicana.

26 sexta-feira

27 sábado ◑

28 domingo

"O destino do feminismo na era neoliberal apresenta um paradoxo. Por um lado, o movimento contracultural relativamente pequeno do momento anterior se expandiu exponencialmente disseminando com sucesso suas ideias pelo mundo. Por outro lado, as ideias feministas se submeteram a uma mudança sutil de validade no novo contexto econômico."

NANCY FRASER, *"Feminismo, capitalismo e a astúcia da história"*, em *Pensamento feminista - Conceitos fundamentais*

ROSA EGIPCÍACA

Também conhecida como Rosa Maria Egipcíaca da Vera Cruz e Rosa Courana, foi autora de *Sagrada Teologia do Amor Divino das Almas Peregrinas*, o mais antigo livro escrito por uma mulher negra na história do Brasil. Rosa veio escravizada para o Brasil, com seis anos, da Costa do Benim, onde nasceu em data próxima ao ano de 1719, para o Rio de Janeiro. Aos 12 anos, foi estuprada e depois vendida para Mariana, em Minas Gerais, onde foi obrigada a viver como prostituta. Rosa foge para o Rio de Janeiro com o padre Xota Diabos e passa a viver no convento de Santo Antônio, dos franciscanos, no Largo da Carioca. Com o apoio de padres amigos de Minas Gerais e do bispo, consegue construir o recolhimento de Nossa Senhora do Parto, no Rio, voltado para mulheres que não tinham onde viver e prostitutas, principalmente, mas também para jovens virgens que viviam como se fossem freiras, mas sem votos religiosos. Sua conversão ao catolicismo, segundo o estudioso Luiz Mott, autor de sua biografia, mostra as raízes do sincretismo religioso do Brasil. A Igreja Católica investiu em seu modelo de santidade para converter a população negra no Brasil. Há registros de que Rosa dançava uma espécie de umbigada segurando uma imagem de santo, dentro da capela do recolhimento. Mas poucos elementos africanos aparecem na ritualística de Rosa. Ela era uma santa católica. Em 2023, Rosa será enredo da escola de samba Unidos do Viradouro.

29 segunda-feira

30 terça-feira

✱ Nascimento da cineasta Agnès Varda (Bruxelas, 1928 - Paris, 2019).

31 quarta-feira

01 quinta-feira

02 sexta-feira

✱ Nascimento da poeta Ana Cristina Cesar (Rio de Janeiro, 1952 - 1983).

03 sábado

✱ Nascimento da artista e ativista pelos direitos das pessoas negras Josephine Baker (Saint-Louis, 1906 - Paris, 1975), a primeira mulher negra a ser homenageada no Panteão francês.

04 domingo ◯

JUNHO

05 segunda-feira

* Nascimento da ensaísta, dramaturga, poeta e crítica literária francesa Hèléne Cixous (Oran, Argélia, 1937).

* Nascimento da estilista brasileira Zuzu Angel (Curvelo, 1921 – Rio de Janeiro, 1976).

* Dia Mundial do Meio Ambiente.

06 terça-feira

07 quarta-feira

08 quinta-feira

09 sexta-feira

* Nascimento de Bertha von Suttner (Praga, 1843 – Viena, 1914), primeira mulher a ganhar o Nobel da Paz, uma das idealizadoras da homenagem.

* Nascimento da escritora, cartunista e militante comunista Patricia Galvão, a Pagu, primeira mulher a ser presa no Brasil por motivos políticos (São João da Boa Vista, 1910 – Santos, 1962).

10 sábado ◐

11 domingo

12 segunda-feira

13 terça-feira

14 quarta-feira

15 quinta-feira

16 sexta-feira

* Corpus Christi.

17 sábado

18 domingo ●

"Hannah Arendt, ao descrever o que seria a 'banalidade do mal', em que pese a razão histórica mais tenebrosa e incomparável de todos os tempos, que é o Holocausto, certamente se inspiraria diante da incúria e do desapreço pela vida que marcam a condução das ações de controle da pandemia no Brasil e que um dia, no julgamento da história, levarão seus personagens a se valer do argumento de que cumpriram ordens e instruções superiores."

MARGARETH DALCOLMO,
Um tempo para não esquecer, livro vencedor do Prêmio Jabuti em 2022, categoria Ciências

19 segunda-feira

20 terça-feira

* Dia Mundial do Refugiado.

21 quarta-feira

* Nascimento da poeta e ensaísta canadense Anne Carson (Toronto, Canadá, 1950). Foi a primeira mulher a ganhar o TS Eliot Prize, um dos mais importantes prêmios literários.

* Nascimento da médica e pesquisadora Margareth Dalcolmo, uma das principais referências da ciência brasileira no combate à Covid-19. Em novembro de 2022, seu livro *Um tempo para não esquecer* foi laureado com o Jabuti, o maior prêmio da literatura brasileira.

22 quinta-feira

23 sexta-feira

24 sábado

* Nascimento da filósofa e escritora Sueli Carneiro (São Paulo, 1950).

25 domingo

JUNHO

"Todo desejo humano
está posicionado em
um eixo de paradoxo,
ausência e presença
são seus polos, amor
e ódio, suas energias
motivadoras."

ANNE CARSON,
Eros, o doce-amargo

ANTONIETA DE BARROS

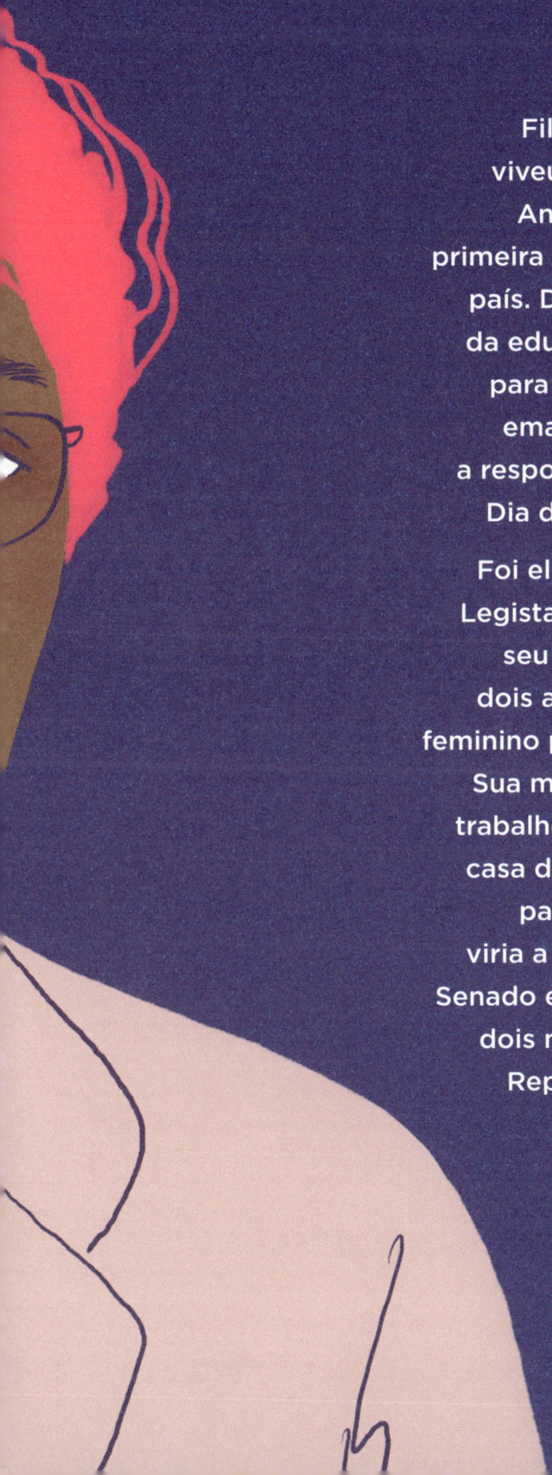

Filha de uma mulher que viveu escravizada no Brasil, Antonieta de Barros foi a primeira mulher negra eleita no país. Defendendo a bandeira da educação, principalmente para as pessoas negras, e a emancipação feminina, foi a responsável pela criação do Dia das Professoras no país.

Foi eleita para a Assembleia Legistativa de Santa Catarina, seu estado Natal, em 1934, dois anos depois que o voto feminino passou a ser permitido. Sua mãe, escravizada liberta, trabalhou como doméstica na casa do político Vidal Ramos, pai de Nereu Ramos, que viria a ser vice-presidente do Senado e chegou a assumir por dois meses a Presidência da República. Por intermédio dos Ramos, Antonieta entrou na política.

JULHO

26 segunda-feira ◐

27 terça-feira

28 quarta-feira

* Aprovada a emenda constitucional que legaliza o divórcio no Brasil, em 1977.

29 quinta-feira

30 sexta-feira

01 sábado

02 domingo

JULHO

"A minha história é outra
e começa agora.
Estou sempre
a começar."

ADÍLIA LOPES

03 segunda-feira ●

* Nascimento da escritora Charlotte Perkins Gilman (Connecticut, 1960 – Califórnia, 1935), autora de *O papel de parede amarelo e outras histórias* (Bazar do Tempo, 2021).

04 terça-feira

05 quarta-feira

* Nascimento da professora, jornalista e política marxista alemã Clara Zetkin (Königshain-Wiederau, 1857 – Rússia, 1933).

06 quinta-feira

07 sexta-feira

08 sábado

09 domingo ◐

* Nascimento de Mercedes Sosa (São Miguel de Tucumã, 1935 – Buenos Aires, 2009), cantora argentina, descendente de indígenas e uma das maiores vozes políticas da América Latina.

"Eu estou cansada de deveres."

CHARLOTTE PERKINS GILMAN,
O papel de parede amarelo e outras histórias

10 segunda-feira

11 terça-feira

* Nascimento da professora e criadora do Dia das Professoras Antonieta de Barros (Florianópolis, 1901 - 1952).

12 quarta-feira

* Nascimento de Malala Yousafzai (Mingora, Paquistão, 1997), ativista e ganhadora do Prêmio Nobel da Paz em 2014 por sua luta a favor da educação de mulheres e crianças.

* Nascimento da historiadora, escritora e roteirista Beatriz Nascimento (Aracaju, 1942 - Rio de Janeiro, 1995).

13 quinta-feira

* Nascimento de Simone Veil (Nice, 1927 - Paris, 2017), política francesa que apresentou a proposta e aprovou a legalização do aborto na França em 1974. O discurso histórico proferido na ocasião foi publicado em *Uma lei para a história* (Bazar do Tempo, 2018).

14 sexta-feira

15 sábado

16 domingo

* Nascimento de Ida B. Wells (Mississipi, 1862 - Illinois, 1931), jornalista, editora de jornal, sufragista, feminista e socióloga norte-americana.

JULHO

17 segunda-feira ●

18 terça-feira

* É realizado em Bogotá, na Colômbia, o 1º Encontro de Feministas Latino-americanas e Caribenhas (Eflac), em 1981.

19 quarta-feira

* 19 e 20 – Primeira convenção das mulheres estadunidenses em Seneca Falls, estado de Nova York, em 1948.

20 quinta-feira

* Dia Internacional da Amizade.

21 sexta-feira

22 sábado

23 domingo

"Sinto-me mais segura junto às mulheres. Talvez isso se deva à deportação. No campo, a ajuda delas era desinteressada, generosa. A dos homens, não. E a resistência do sexo dito frágil também era maior."

SIMONE VEIL

24 segunda-feira

25 terça-feira ◑

✱ Dia da Mulher Negra Latino-americana e Caribenha e Dia Nacional de Tereza de Benguela e da Mulher Negra. A data surgiu após o Encontro de Mulheres Negras Latinas e Caribenhas, em Santo Domingos, na República Dominicana, em 1992. No Brasil, Dilma Rousseff criou a homenagem a Tereza de Banguela. Líder do Quilombo do Quaritere, em Mato Grosso, no seculo XVIII, assumiu a organização política e militar da comunidade depois da morte de seu marido, José Piolho.

26 quarta-feira

✱ Nascimento de Heloisa Buarque de Hollanda, ou Heloisa Teixeira (Ribeirão Preto, SP, 1939).

27 quinta-feira

✱ Nascimento da vereadora e militante dos Direitos Humanos Marielle Franco (Rio de Janeiro, 1979 – 2018).

28 sexta-feira

29 sábado

30 domingo

JULHO

TUÍRA KAYAPÓ

Líder feminina do movimento indígena, Tuíra Kayapó ficou conhecida por um gesto que entrou para a história: se expressando em sua língua nativa e em tom incisivo, esfregou um facão no rosto do então presidente da Eletronorte, engenheiro José Antônio Muniz Lopes, e deu o grito Kayapó de luta – "Tenotã-mõ!". A reação aconteceu durante o I Encontro dos Povos Indígenas do Xingu, em Altamira (PA), quando em fevereiro de 1989 diversas nações indígenas debateram a construção da hidrelétrica de Kararô, atual Belo Monte. O gesto teve tamanha repercussão que o projeto de Belo Monte foi temporariamente engavetado. "Eu só queria mostrar a ele o que é opressão. Estava lá e só ouvia aquele homem branco insistindo em uma fala para construir a hidrelétrica." A luta de Tuíra e de diversas nações indígenas permanecem em curso no país.

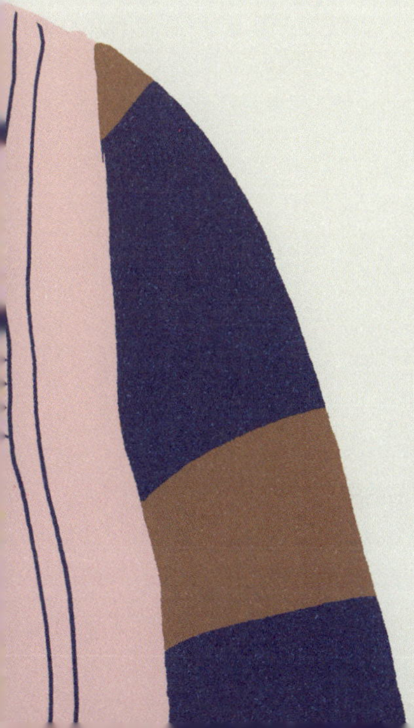

AGOSTO

31 segunda-feira

01 terça-feira

* Nascimento da filósofa, escritora e ativista Djamila Ribeiro (Santos, SP, 1980).

02 quarta-feira

* Nascimento da bióloga e líder política brasileira Bertha Lutz (São Paulo, 1894 – Rio de Janeiro, 1976), uma das figuras mais importantes da luta sufragista no Brasil.

03 quinta-feira

04 sexta-feira

05 sábado

* Nascimento da sindicalista e líder do movimento pelos direitos trabalhistas das mulheres no campo Margarida Maria Alves, cujo nome deu origem à Marcha das Margaridas (Alagoa Grande, 1933 – 1983).

06 domingo

AGOSTO

07 segunda-feira

08 terça-feira ◐

09 quarta-feira

✱ Dia Internacional dos Povos Indígenas.

✱ É presa no Chile, em 1976, a professora Marta Lidia Ugarte Román, secretária de Educação do governo Salvador Allende. É brutalmente estuprada e assassinada na prisão, tornando-se uma das primeiras vítimas oficiais da ditadura de Augusto Pinochet no país.

10 quinta-feira

11 sexta-feira

12 sábado

13 domingo

"Nós, mulheres indígenas de mais de diferentes povos indígenas do Brasil, representadas por várias regiões [...] concebemos coletivamente esse grande chamado do Cacique Raoni [...]. Enquanto mulheres lideranças e guerreiras, geradoras e protetoras da vida, iremos nos posicionar e lutar contra as questões e as violações que afrontam nossos corpos e nossos territórios."
Trecho de carta assinada por mulheres indígenas e lida no Encontro dos Povos Mebengokrê e lideranças indígenas do Brasil, em 2020

14 segunda-feira

✱ Nascimento de Rita Segato (Buenos Aires, Argentina, 1951), antropóloga argentina reconhecida internacionalmente pelos seus estudos sobre feminismo e violência de gênero.

15 terça-feira

✱ Nascimento da socióloga e historiadora feminista Dora Barrancos (Jacinto Aráuz, Argentina, 1940).

16 quarta-feira ●

17 quinta-feira

18 sexta-feira

19 sábado

✱ Nascimento de Florine Stettheimer (Nova York, 1871 – 1944), pintora, desenhista e poetisa americana que ficou famosa por ter pintado o primeiro autorretrato nu frontal. A obra pertence ao Museu de Arte Moderna de Nova York.

20 domingo

"Entre as mobilizações mais revigorantes e promissoras em direção à construção de sociedades mais justas na nossa região, estão as levadas adiante pelas mulheres. A tempestade que sacode nossas sociedades pelos direitos das mulheres e das identidades diversas também é a promessa de um mundo mais honroso para a nossa espécie. Não podemos abdicar desse horizonte."

DORA BARRANCOS, *História dos feminismos na América Latina*

21 segunda-feira

✱ Nascimento de Rosely Roth (São Paulo, 1959-1990), pioneira do movimento lésbico feminista no Brasil.

22 terça-feira

23 quarta-feira

24 quinta-feira ◑

25 sexta-feira

26 sábado

✱ Nascimento da missionária católica Madre Teresa de Calcutá (Escópia, 1910 – Calcutá, 1997).

27 domingo

"Devemos entender que a luta antipatriarcal é uma luta antissistêmica, porque as lutas das mulheres não são contra os homens, mas contra uma ordem política fundacional, que alicerça todo o edifício das desigualdades e extrações de mais-valia: o patriarcado."

RITA SEGATO,
Cenas de um pensamento incômodo: gênero, cárcere e cultura em uma visada decolonial

XICA MANICONGO

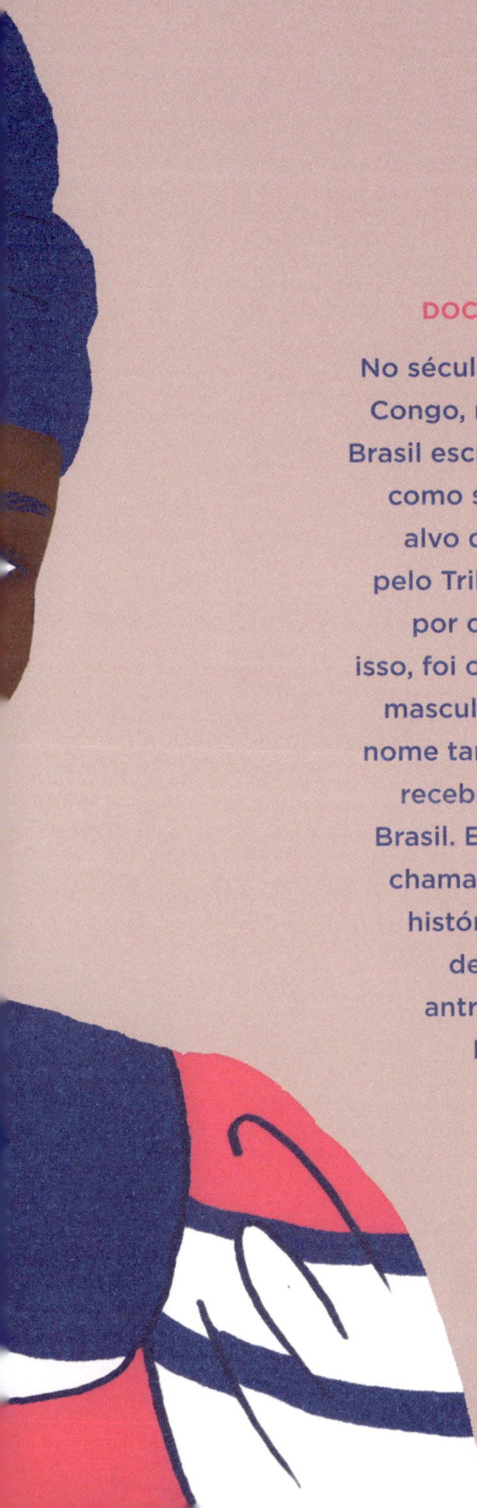

PRIMEIRA TRAVESTI DOCUMENTADA DO BRASIL

No século XVI, Xica nasceu no Congo, mas foi trazida para o Brasil escravizada, trabalhando como sapateira. Em 1591, foi alvo de uma denúncia feita pelo Tribunal do Santo Ofício por crime de sodomia. Por isso, foi obrigada a usar vestes masculinas e responder pelo nome também masculino, que recebeu quando chegou ao Brasil. Ela passou anos sendo chamada de Francisco e sua história ficou praticamente desconhecida até que o antropólogo e historiador Luiz Mott a recuperou, na década de 1990.

SETEMBRO

28 segunda-feira

29 terça-feira

30 quarta-feira

31 quinta-feira

01 sexta-feira

* Nascimento da pintora modernista Tarsila do Amaral (Capivari, 1886 – São Paulo, 1973).

02 sábado

03 domingo

SETEMBRO

04 segunda-feira

05 terça-feira

* Dia da Amazônia.

06 quarta-feira ◐

* Nascimento da filósofa, bióloga e teórica feminista Donna Haraway (Denver, EUA, 1944).

07 quinta-feira

* Dia da Independência do Brasil.

08 sexta-feira

09 sábado

10 domingo

* Dia Mundial da Prevenção ao Suicídio.

SETEMBRO

"Comemorar significa recordar juntos. Recordar, por sua vez, significa 'chamar de volta ao coração'. A história dessas mulheres – sete entre outras certamente ainda a ser resgatadas – narra o difícil percurso de uma ideia de país que busca tornar-se realidade, a partir de novas perspectivas que colocam Hipólita Jacinta Teixeira de Melo, Bárbara de Alencar, Maria Felipa de Oliveira, Urânia Vanério, a imperatriz Leopoldina, Maria Quitéria de Jesus e Ana Lins no centro da cena histórica duzentos anos depois dos acontecimentos pela Independência do país."

HELOISA STARLING E ANTONIA PELLEGRINO, *Independência do Brasil – As mulheres que estavam lá*

11 segunda-feira

12 terça-feira

* Nascimento da cantora, compositora e deputada Leci Brandão (Rio de Janeiro, RJ, 1944), cujas letras eram marcadas por temas sociais, de resistência das mulheres negras, da comunidade LGBTQIA+ e também de protesto, como a letra de "Deixa pra lá". Leci foi a primeira compositora a entrar para a ala de compositores da Mangueira.

13 quarta-feira

14 quinta-feira ●

* Nascimento da médica, pesquisadora e ex-ministra-chefe da Secretaria das Mulheres Nilcéa Freire (Rio de Janeiro, 1953 - 2019). Durante os sete anos como ministra, implementou a Lei Maria da Penha e o Pacto Nacional de Enfrentamento à Violência contra a Mulher. Como reitora da UERJ, implementou o projeto pioneiro de cotas para estudantes de escolas públicas e afrodescendentes na universidade.

15 sexta-feira

16 sábado

17 domingo

"Se você tem ideia e não pode falar: deixa pra lá
Se cantou pra plateia e ninguém quis ligar: deixa pra lá
Se você foi à feira e não pôde comprar: deixa pra lá
Porque o dinheiro é pouco pra poder gastar: deixa pra lá
Deixa, que essa vida um dia muda, você tem que se assumir
E se o próprio amigo o acusa, você deve resistir..."

LECI BRANDÃO, "Deixa pra lá"

18 segunda-feira

19 terça-feira

20 quarta-feira

* Nascimento de Mahsa Amini (Saqez, 2000 - Irã, 2022), detida pela Polícia da Moralidade no Teerã no dia 13 de setembro de 2022 e acusada de infringir o rígido código de vestimenta feminino ao deixar uma mecha de cabelo aparecer. Mahsa entrou em coma e faleceu três dias depois da detenção. Sua morte provocou uma onda de protestos que começou no Irã e ganhou repercussão em vários países.

21 quinta-feira

* Dia Nacional da Luta da Pessoa com Deficiência.

22 sexta-feira ◐

23 sábado

24 domingo

SETEMBRO

MARY EDWARDS WALKER

Mary Edwards Walker foi a primeira mulher a ser comissionada como médica-cirurgiã do Exército dos Estados Unidos, durante a Guerra de Secessão, e a ser autorizada pelo Congresso a se vestir com roupas de homens.

É também a única mulher a ter sido condecorada com a Medalha de Honra, a mais alta condecoração militar dos Estados Unidos, até hoje.

Filha de pai e mãe progressistas, que eram a favor da abolição da escravatura, Walker foi sufragista e tentou se registrar para votar em 1871. Casada com um colega da faculdade de Medicina, logo passou a se rebelar contra a necessidade de obedecer ao marido, divorciando-se dele. Totalmente contrária às vestes tradicionais femininas, ela dizia que eram desconfortáveis e atrapalhavam o exercício de sua profissão. Foi presa algumas vezes por vestir roupas masculinas. Acusada de se vestir como homem, respondia: "Eu não uso roupa de homem. Eu uso as minhas próprias roupas".

25 segunda-feira

* Nascimento da escritora, professora, teórica feminista e ativista antirracista bell hooks (Hopkinsvlle, 1952 – Berea, 2021).

26 terça-feira

* Nascimento da pensadora feminista Gloria Anzaldúa (Texas, 1942 – Califórnia, 2004).

27 quarta-feira

28 quinta-feira

29 sexta-feira ●

30 sábado

01 domingo

"Ao rejeitar a fantasia da submissão amorosa, pode surgir uma mulher preta participante, que não reproduz o comportamento masculino autoritário, já que se encontra no oposto deste, podendo assim, assumir uma postura crítica, intermediando sua própria história e seus ethos."

BEATRIZ NASCIMENTO, "A mulher negra e o amor", em *Pensamento feminista brasileiro*

02 segunda-feira

03 terça-feira

04 quarta-feira

* Nascimento de Violeta Parra (San Fabián, 1914 – Santiago, 1967), fundadora da música popular chilena.

05 quinta-feira

* Falecimento de Sanité Belair (Haiti, 1802), revolucionária haitiana, tenente do exército de Toussaint Louverture, uma das poucas mulheres a lutar pela independência do país. Heroína nacional da revolução no Haiti.

06 sexta-feira ◐

07 sábado

* Dia de Nossa Senhora do Rosário, santa protetora das pessoas negras.

08 domingo

* Nascimento da poeta russa Marina Tsvetáieva (Moscou, 1892 – Elabuga, 1941).

* Nascimento da filósofa, escritora e professora Nadia Yala Kisukidi (Bruxelas, Bélgica , 1978).

OUTUBRO

09 segunda-feira

10 terça-feira

11 quarta-feira

12 quinta-feira

* Nascimento da educadora feminista pioneira, escritora e poeta Nísia Floresta (Rio Grande do Norte, 1810 - Rouen, 1885), e de Laudelina de Campos Melo (Poços de Caldas, 1904 - Campinas, 1991), fundadora do primeiro sindicato das empregadas domésticas no país.

* Dia de Nossa Senhora Aparecida, padroeira do Brasil.

13 sexta-feira

14 sábado ●

* Nascimento da filósofa Hannah Arendt (Hanôver, 1906 - Nova York, 1975).

15 domingo

* Dia das Professoras.

OUTUBRO

16 segunda-feira

17 terça-feira

* Nascimento da compositora Chiquinha Gonzaga (Rio de Janeiro, 1847 – 1935).

18 quarta-feira

19 quinta-feira

* Nascimento de Jaqueline Goes de Jesus, biomédica que coordenou a equipe responsável pelo sequenciamento do genoma do vírus SARS-CoV-2 apenas 48 horas após a confirmação do primeiro caso de Covid-19 no Brasil.

20 sexta-feira

21 sábado

22 domingo ◑

OUTUBRO

"Meu livro não é um manifesto. É muito mais um grito de liberdade de uma mulher que não quer ser o que os outros querem que ela seja."

FATIMA DAAS,
A última filha

23 segunda-feira

24 terça-feira

25 quarta-feira

* Dia da Democracia.

26 quinta-feira

27 sexta-feira

28 sábado

29 domingo

* Dia Nacional do Livro.

OUTUBRO

MARIE CURIE

Marie Curie é a única pessoa a ganhar dois prêmios Nobel em categorias distintas: física e química. Foi também a primeira mulher a ser laureada na premiação. Marie nasceu na Polônia em 1867 e naturalizou-se francesa. Ela e a irmã estudavam escondido, pois o governo russo não permitia que meninas estudassem. As duas se mudaram para Paris em 1891 e Marie se formou em física, química e matemática na Universidade de Paris, onde conheceu seu marido, com quem descobriu a radioatividade - o que possibilitou o uso de raio-x e também a radioterapia, fundamental para o tratamento do câncer.

Ela continuou pesquisando depois da morte do marido, o físico Pierre Curie, e descobriu o polônio e o rádio. Foi também a primeira mulher a dar aulas de física geral na Faculdade de Ciências de Sorbonne. Marie morreu em 1934 em decorrência de complicações pelo contato com as substâncias químicas que pesquisava.

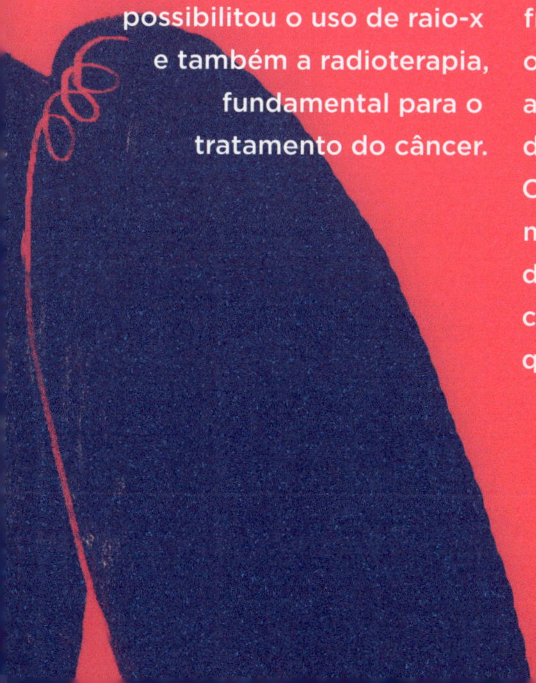

NOVEMBRO

30 segunda-feira

31 terça-feira

01 quarta-feira

02 quinta-feira

03 sexta-feira

04 sábado

05 domingo ◐

NOVEMBRO

"Com que finalidade alguém evoca o fantasma da escravidão se não para incitar as esperanças de mudar o presente?"

SAIDIYA HARTMAN,
Perder a mãe

06 segunda-feira

07 terça-feira

* Nascimento da física e química Marie Curie (Varsóvia, 1867 - Paris, 1934).

08 quarta-feira

09 quinta-feira

10 sexta-feira

* Nascimento da socióloga nigeriana Oyèrónkẹ́ Oyewùmí (Ògbọ́mọ̀sọ́, Nigéria, 1957).

11 sábado

* Nascimento de Rose Marie Muraro, feminista e escritora, considerada patrona do feminismo nacional (Rio de Janeiro, 1930-2014).

12 domingo

"As pessoas com quem falávamos não haviam compreendido nossa ideia, não viam no ensino das Ciências naturais nada mais do que a exposição de fatos usuais, não compreendiam de que se tratava, em nossa opinião, de transmitir às crianças um grande amor pela natureza, pela vida e, ao mesmo tempo, a curiosidade por conhecê-las."

MARIE CURIE em seu diário sobre a morte do marido

13 segunda-feira ●

14 terça-feira

15 quarta-feira

* Proclamação da República do Brasil em 1889.

* Nascimento de Celina Guimarães Viana, professora e primeira eleitora do país (Natal, 1890 – Belo Horizonte, 1972).

16 quinta-feira

17 sexta-feira

* Nascimento da escritora e jornalista Rachel de Queiroz (Fortaleza, 1910 - Rio de Janeiro, 2003), a primeira mulher eleita para a Academia Brasileira de Letras, em 1977.

18 sábado

19 domingo

"Racismo é uma ideologia para produzir privilégios para um grupo em detrimento de outro. [...] Eles assinaram uma abolição que significava: 'vocês estão livres para morrerem na sarjeta desse país'. Não tinha um projeto de inclusão social. Não havia um projeto educacional. Fomos jogados no lixo das cidades brasileiras."

SUELI CARNEIRO

20 segunda-feira ◑

* Dia da Consciência Negra.

* Nascimento de Erica Malunguinho (Recife, PE, 1981), primeira mulher trans eleita para a Assembleia Legislativa de São Paulo.

21 terça-feira

22 quarta-feira

23 quinta-feira

24 sexta-feira

25 sábado

* Dia Internacional de Não Violência contra as Mulheres, criado em homenagem às irmãs Minerva, Patria e María Teresa Mirabal, perseguidas, estupradas e assassinadas neste dia, em 1960, pelo ditador Rafael Trujillo.

26 domingo

NOVEMBRO

ESPERANÇA GARCIA

Esperança era uma mulher escravizada que vivia na fazenda de Algodões, próxima à Teresina. Por causa dos maus-tratos que ela, seus filhos, companheiras e companheiros sofriam, decidiu escrever uma carta ao governador da capitania do Piauí denunciando a violência. O documento, escrito em 1770 e encontrado em 1979 no arquivo público do Piauí, é considerado hoje a primeira petição de Direito do país.

Em homenagem a Esperança, a data de 6 de setembro foi oficializada como o Dia Estadual da Consciência Negra, em 1999. Em setembro de 2017, Esperança Garcia foi reconhecida pela OAB/PI como a primeira advogada piauiense. Assim, virou símbolo de resistência e ousadia na luta por direitos e liberdade no Brasil, que ainda luta contra o racismo estrutural e a violência de gênero. A coragem de Esperança é uma inspiração para continuarmos a sua batalha.

DEZEMBRO

27 segunda-feira ●

28 terça-feira

29 quarta-feira

* Nascimento da escritora Conceição Evaristo (Belo Horizonte, MG, 1946).

30 quinta-feira

01 sexta-feira

02 sábado

* Dia Nacional do Samba.

* Nos dia 2 e 4 de dezembro de 1988, foi realizado, em Valença, Rio de Janeiro, o I Encontro Nacional de Mulheres Negras. Em 2018, o encontro é realizado em Goiás, com a presença da ativista Angela Davis.

03 domingo

* Nascimento de Alaíde Foppa (Barcelona, Espanha, 1914), poeta, escritora, tradutora, crítica de arte, feminista guatemalteca e uma das fundadoras da primeira revista feminista da América Latina, a *Fem*.

"Ninguém me prende mais. Continuo com capacidade de raciocínio – mas agora quero o plasma – quero me alimentar diretamente da placenta."

CLARICE LISPECTOR,
Água viva

04 segunda-feira

✱ Nascimento da argentina Hebe de Bonafini (La Plata, 1928 – 2022), presidente da Associação Mães da Praça de Maio desde 1979.

✱ Dia de Santa Bárbara (sincretizada com Iansã na umbanda).

05 terça-feira ◐

06 quarta-feira

07 quinta-feira

08 sexta-feira

✱ Dia da Justiça.

✱ Dia de Nossa Senhora da Conceição.

09 sábado

10 domingo

✱ Nascimento de Clarice Lispector (Chechelnyk, 1920 – Rio de Janeiro, 1977).

✱ Nascimento da matemática e escritora Ada Lovelace, considerada a primeira programadora do mundo (Londres, 1815 – 1852).

"Não damos por mortos os nossos filhos, pois eles estão vivos em cada luta. Não somamos cadáveres como quer o capitalismo; os homens que morrem lutando não são cadáveres, nossos filhos são heróis, nossos filhos estão vivos em outros."

HEBE DE BONAFINI, líder das mães da Praça de Maio

11 segunda-feira

12 terça-feira ●

13 quarta-feira

14 quinta-feira

* Nascimento de Dilma Rousseff, eleita presidenta do Brasil (Belo Horizonte, MG, 1947).

15 sexta-feira

* Em homenagem a Myrthes Gomes, primeira mulher a obter o registro de advogada no Brasil, em 1906, a OAB Nacional instituiu, no ano de 2016, o dia da Mulher Advogada, dentro do Plano Nacional de Valorização da Mulher Advogada.

16 sábado

* Nascimento da escritora Jane Austen (Steventon, Inglaterra, 1775).

* Nascimento de Jurema Werneck (Rio de Janeiro, RJ, 1961), médica, fundadora da ONG Crioula e diretora da Anistia Internacional do Brasil.

17 domingo

DEZEMBRO

18 segunda-feira

19 terça-feira ◐

20 quarta-feira

21 quinta-feira

22 sexta-feira

23 sábado

24 domingo

"Eu acho que o sonho fecunda a vida e vinga a morte."

CONCEIÇÃO EVARISTO

25 segunda-feira

* Natal.

26 terça-feira ○

27 quarta-feira

28 quinta-feira

29 sexta-feira

30 sábado

* Senado da Argentina aprova a Lei do Aborto em 2020.

31 domingo

* Dia da Esperança.

"Temos uma longa estrada ainda a ser percorrida até que todas as mulheres se sintam iguais e articuladas na defesa de seus direitos. Mas essa é também uma estrada bela. Vamos a ela."

HELOISA BUARQUE DE HOLLANDA,
Feminista, eu?

ONGS, INSTITUTOS E MÍDIAS FEMINISTAS

Agência e Instituto Patrícia Galvão
agenciapatriciagalvao.org.br

Anis - Instituto de Bioética, Direitos Humanos e Gênero
bioetica.org.br

Criola
criola.org.br

Gênero e Número
generonumero.media

Instituto AZMina
azmina.com.br/instituto-azmina

Instituto Alziras
alziras.org.br

Instituto Maria da Penha
institutomariadapenha.org.br

Milhas pelas vidas das mulheres
milhaspelavidadasmulheres.com.br

Onu Mulheres Brasil
onumulheres.org.br

Redeh – Rede de Desenvolvimento Humano
redeh.org.br

SOS Corpo - Instituto Feminista para a Democracia
soscorpo.org

Sempreviva Organização feminista
sof.org.br

**NO CASO DE VIOLÊNCIA
CONTRA A MULHER,
DENUNCIE: DISQUE 180
SECRETARIA NACIONAL DE
POLÍTICAS PARA AS MULHERES**

AUTORAS BAZAR DO TEMPO

Adília Lopes
Adriana Calcanhotto
Ana Kiffer
Antonia Pellegrino
Alexandra Lucas Coelho
Alice Walker
Anne Carson
Anne Lafont
Arlette Farge
Audre Lorde
Beatriz Nascimento
Cidinha da Silva
Charlotte Castelnau-L'Estoile
Charlotte Perkins Gilman
Cleonice Berardinelli
Donna Haraway
Fatima Daas
Françoise Frenkel
Gloria Anzaldua
Hannah Arendt
Hélène Cixous
Heloisa Buarque de Hollanda
Heloisa Seixas
Heloisa M. Starling
Lélia Gonzalez
Lilia M. Schwarcz
Luiza Bairros
Isabelle Stengers
Joan Scott
Judith Butler
Júlia Romeu
Mana Bernardes
María Lugones
Marguerite Duras
Marielle Macé
Marina Tsvetaeva
Nancy Fraser
Oyèrónké Oyěwùmí
Patricia Hill Collins
Patricia Valim
Paul B. Preciado
Rita Segato
Rosane Borges
Saidiya Hartman
Sandra Harding
Sam Bourcier
Simone Weil
Simone Veil
Silvia Federici
Socorro Acioli
Sueli Carneiro
Teresa de Lauretis
Vincianne Despret
Virginia Siqueira Starling
Violette Leduc

Adriana Azevedo, Andiara Ramos, Bernedette Muthien, Camila Bastos Bacelar, Caterina Rea, Francesca Gargallo, Gabriela González Ortuño, Guacira Lopes Louro, Jack Halberstam, Jasbir K. Puar, Larissa Pelúcio, Lorena Mochel, Marcia Ochoa, Norma Mogrovejo, Tânia Navarro Swain.

Albertina Costa, Angela Arruda, Branca Moreira Alves, Bila Sorj, Carmen Barroso, Constância Lima Duarte, Cynthia Sarti, Heleith Saffioti, Jacqueline Pitanguy, Leila Linhares Barsted, Lourdes Maria Bandeira, Margareth Rago, Maria Betânia Ávila, Maria Odila Leite da Silva Dias, Mary Castro, Rita Terezinha Schmidt.

Adriana Varejão, Alba Margarita Aguinaga Barragán, Alejandra Santillana, Angela Figueiredo, Claudia de Lima Costa, Dunia Mokrani Chávez, Julieta Paredes, Lélia Gonzalez, Luiza Bairros, Marcela Cantuária, Maria da Graça Costa, María Elvira Díaz-Benítez, María Lugones, Marnia Lazreg, Miriam Lang, Ochy Curiel, Rosana Paulino, Suely Aldir Messeder, Susana de Castro, Thula Rafaela de Oliveira Pires, Yuderkys Espinosa Miñoso.

"Tudo que ela plantava brotava feito mágica, e sua fama de cultivadora de flores se espalhou por três condados. Por causa de sua criatividade com as flores, até minhas memórias da pobreza são vistas através de uma tela florida - girassóis, petúnias, rosas, dálias, sinos dourados, buquê-de-noiva, esporinhas, verbena... e assim por diante. [...]

Seu rosto, enquanto ela elabora a arte que é seu dom, é um legado de respeito que ela deixa pra mim, por iluminar e valorizar a vida. Minha mãe transmitiu um legado de respeito pelas possibilidades - e o desejo de agarrá-las."

ALICE WALKER,
Em busca dos jardins de nossas mães

BAZARDOTEMPO.COM.BR
@BAZARDOTEMPO